PERO, ¿QUÉ ES LO QUE HACE UN JUEZ?
Copyright © 2023 by ROGER H. PONCE JR.

All rights reserved. No part of this book may be reproduced or transmitted in any form or by any means without written permission from the author.

ISBN: 9798377164814
Imprint: Independently published

PAGINA 2

En algunos lugares, una gran peluca blanca también forma parte.

PERO ¿QUÉ ES LO QUE HACE UN JUEZ?

PAGINA 3

Un juez tiene una sala de audiencias, donde manda con poder.

PAGINA 4

"¡Orden!" oirás, con autoridad a la vez.

PERO ¿QUÉ ES LO QUE HACE UN JUEZ?

PAGINA 6

En corte, su presencia, es cierta y clara.

PERO ¿QUÉ ES LO QUE HACE UN JUEZ?

PAGINA 8

Policías, reporteros, e intérpretes, en su sala de audiencias se hace trabajo.

PERO ¿QUÉ ES LO QUE HACE UN JUEZ?

PAGINA 9

Un juez domina la ley, y con nobleza cautiva...

PAGINA 10

Conocimiento y sabiduría con sus palabras motiva.

PERO ¿QUÉ ES LO QUE HACE UN JUEZ?

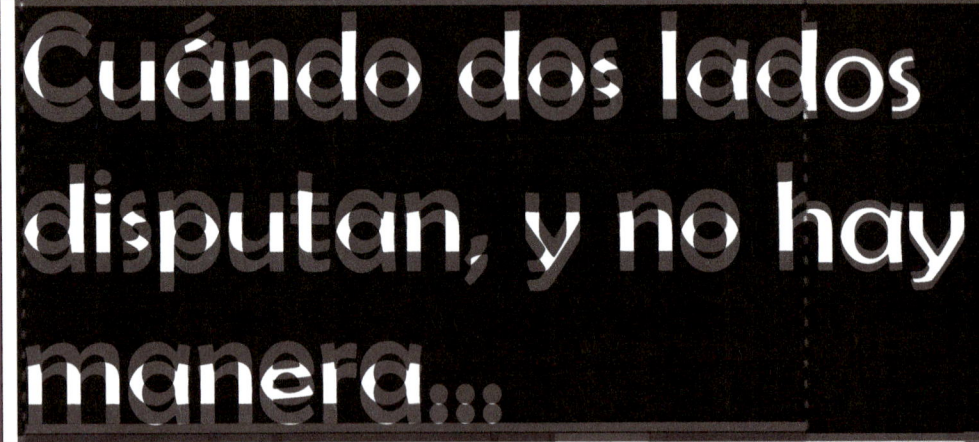

PAGINA 11

Cuándo dos lados disputan, y no hay manera...

PAGINA 12

Un juez interviene, influye y decide en el tema.

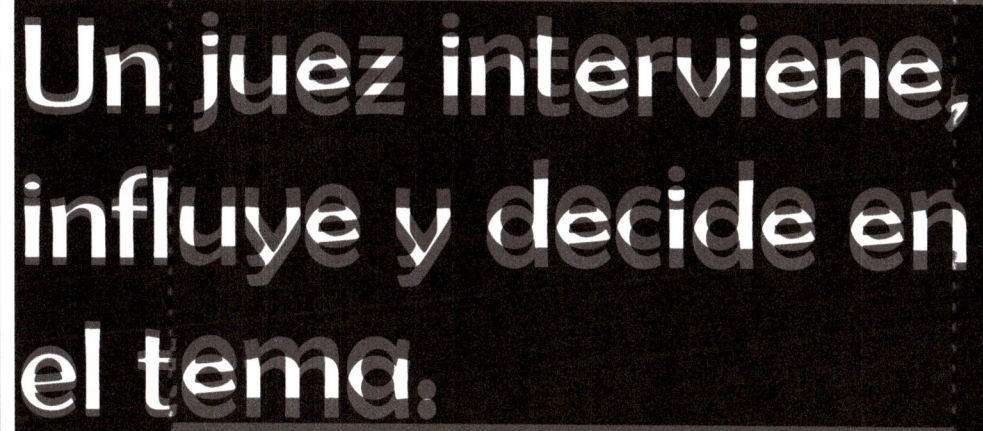

PAGINA 13

Si has hecho travesuras o has hecho problemas...

PAGINA 14

Un juez decide el castigo de la mejor manera.

PÁGINA 15

Las decisiones pueden sentirse injustas y no siempre son fácil...

PAGINA 16

Pero tienen que hacerse y un juez ofrece ayuda tan táctil.

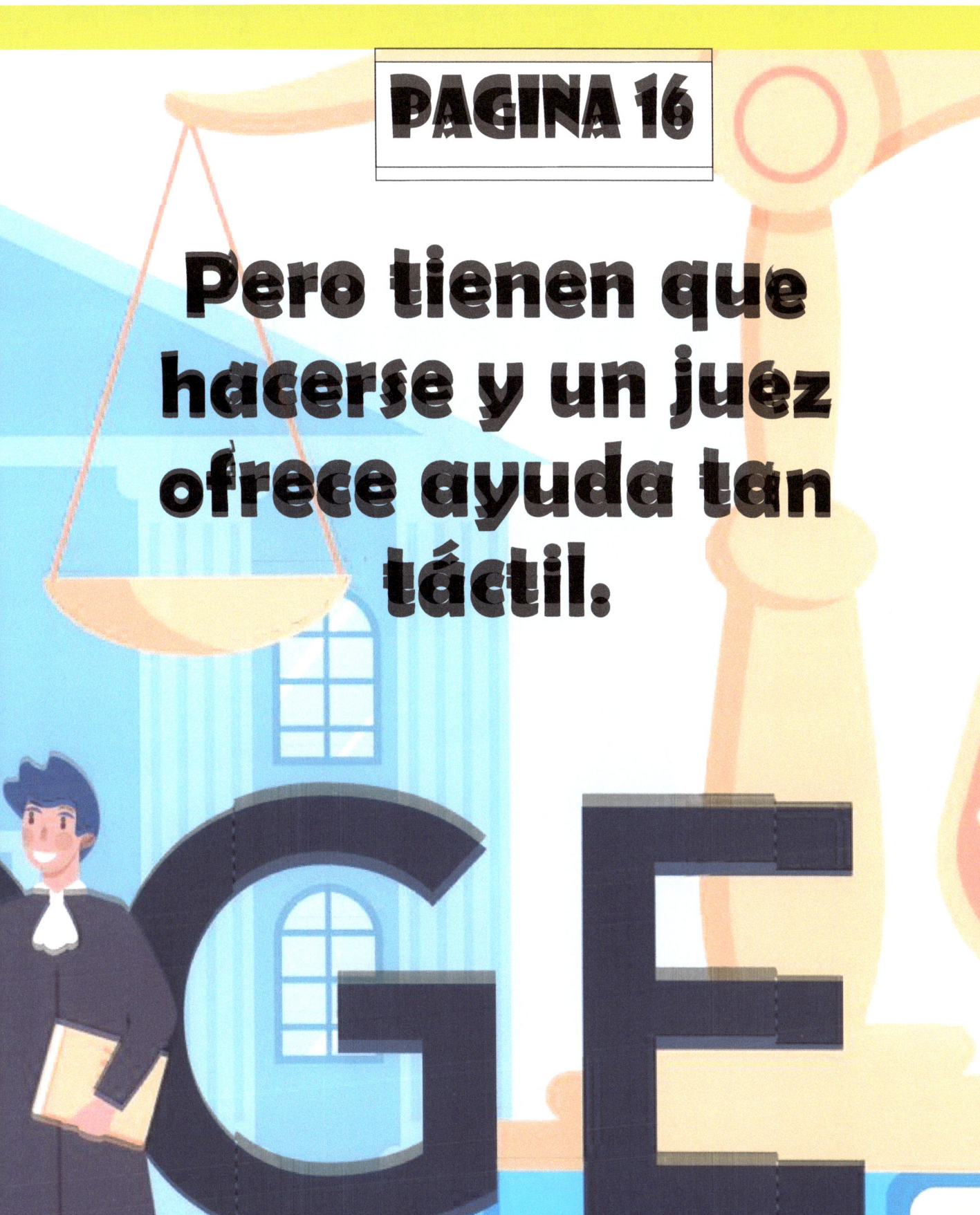

PAGINA 17

Jueces importan por sus decisiones.

PAGINA 18

Interpretan derechos para el día de hoy y futuras generaciones.

PAGINA 19

Leyes afectan toda su vida. En casa, escuela, y en su comunidad la ley se aplica.

PAGINA 20

Un juez interpreta leyes y constituciones sin temor ni favor por encima.

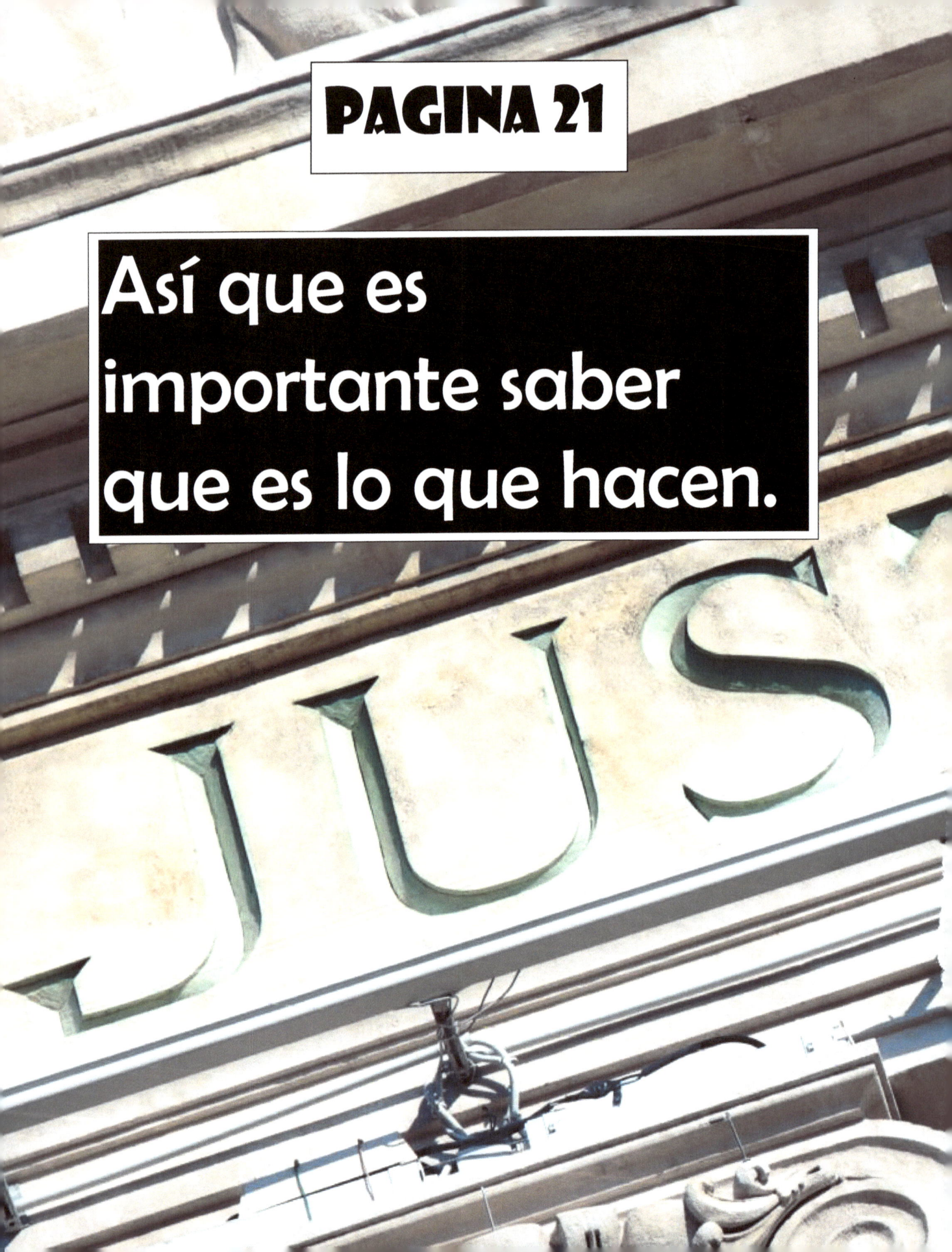

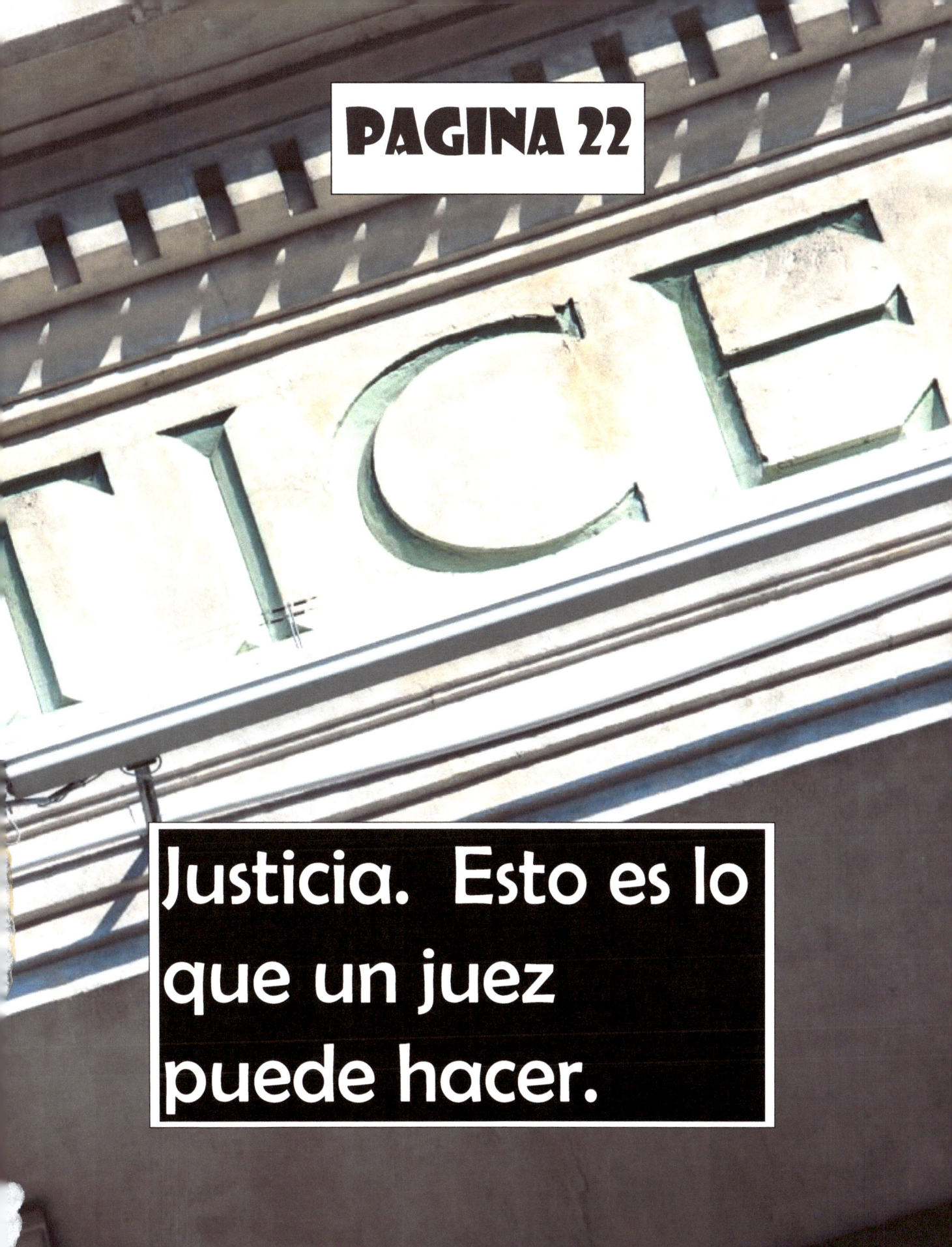

www.ingramcontent.com/pod-product-compliance
Lightning Source LLC
Chambersburg PA
CBHW051952210526
45473CB00023B/1903